Algunos gritos et quelques soupirs

En français y en español

Willy Ortiz

© 2018, Ortiz, Willy
Edition : Books on Demand,
12/14 rond-Point des Champs-Elysées, 75008 Paris
Impression : BoD - Books on Demand, Norderstedt, Allemagne
ISBN : 9782322090297
Dépôt légal : novembre 2018

Á toi qui cherches l'espoir au fond des verres vides.

A ti que recorres el mundo en busca de ti mismo.

Contenido – Contenu

Te deseo 9
L'espoir du migrant 10
Silencio 12
Petite pluie 15
Perra vida 16
Liberté 18
Aquí 21
Une célébrité 22
El muerto de la plaza 24
Au boulot 25
¡Oh Barrancabermeja! 26
Lettre d'amour à la France 28
Deuda 30
Hiver 31
Desorden 32
Hirondelle 33
Renuncia 36
Routine 37
Corto 39
Deberden 40

Te deseo

Que no sean rotundos tus silencios
Que te alcance la voz para pedir justicia
Que te arda el pecho de coraje al ver morir
Que la libertad sea tu búsqueda perpetua
Que puedas antes de tu último aliento
Gritar tanto que nunca olviden tu voz.

L'espoir du migrant

Ne pleure plus,
Ne crains plus petit frère ;
Bientôt nous foulerons une nouvelle terre,
Où la vie vaut bien plus que quelques francs,
Où l'on ne tue plus à la machette ni au gourdin,
Où la terre nourrit plus les hommes qu'elle ne les enterre ;
Regarde au loin le rivage bleu qui nous attend ;
Là-bas, l'espoir parcours les rues ;
Là-bas, les bombes ne nous réveillerons plus la nuit ;
Là-bas, la tristesse sera oubliée dans les abîmes du passé
Et plus jamais on ne donnera nos chaires aux canons ;
Regarde au loin la lueur d'espoir briller ;
Vite nous laisserons derrière cette mer noire à l'appétit vorace ;
Vite nous foulerons ce continent et nous deviendrons des hommes

esCRIStos

Et nous marcherons au son des clairons de la justice ;
Celle qui est promise aux Hommes,
Á tous les Hommes ;
Ne sommes nous pas des Hommes ?
Bien sûr que si, petit frère ;
Des fois ils l'oublient ;
Des fois, ils nous oublient...
Nous leurs rappellerons
Que nous aussi on a des sentiments,
Que nous aussi on a des larmes,
Que nous aussi on a des droits ;
Ne pleure plus petit frère,
Regarde au loin notre espoir se dessiner,
Regarde au loin l'Europe nous espérer.

Silencio

Solo el silencio
Sabe cuánta falta me has hecho

Solo el silencio
Ha sabido escuchar
Los gritos desgarrados de mis entrañas

Solo el silencio
Sabe lo que es vivir sin ti

Solo el silencio
Sabe lo que es rondar por la cocina
En busca de recuerdos
De algún artefacto que lleve tu nombre

Solo el silencio
Sabe lo que es buscar en la ropa sucia
Algún olvido que conserve tu olor
Cualquier panti pegado al fondo del canasto
Para convertirlo en tesoro de trasnocho

Solo el silencio
Sabe que ya me he gastado
Los versos del olvido

Solo el silencio será testigo
Solo el silencio será cómplice
De este remedio contra tu ausencia
De este final sin gloria

Solo el silencio se estremecerá
Cuando apriete el gatillo.

esCRIStos

Petite pluie

Tombe
Tombe petite pluie
Tombe sur nos têtes
Lave nos crânes remplis de vide
Enlève ces idées noires
Ruisselle sur nos espoirs déçus
Rappelle-nous
Que les os glacés
Nous sommes tous égaux.

Perra vida

Perra vida
Para qué tanta mentira
No todos quieren ser millonario

Perra vida
Aquí se muere por igual
Más si eres de bien abajo en el barrio

Perra vida
Solo la muerte sabe de igualdad
Tú, solo de intereses à diario

Perra vida
Con el carrusel de vuelta
Quién vive con este puto salario

Perra vida
No esperes la maleta
Vivo como un pobre presidiario

esCRIStos

Perra vida
Tú, colmillos de marfil
Yo, carne y huesos de libertario

Perra vida
Un McDonald's por esquina
Y tantos niños sin sustento diario

Perra vida
Quédate con las ganas
Solo puedo ser revolucionario.

Liberté

Qui chante encore ton nom liberté ;
Les religieux et leur conception confiscatoire ?
La police et son art du matraquage ?
Le président et son mensonge libéral?
Qui parle encore de toi liberté
Sans peur,
Sans drapeau,
Sans slogan ;
Qui s'insurge de ton absence liberté,
Si les barreaux de cette prison
Disent égalité,
Liberté,
Fraternité ;
Qui demande en ton nom liberté,
Que cessent les bombes,
Que cessent les peines ;
Qui a volé ton nom liberté
Pour déguiser la finance,
La spéculation,
La pauvreté ;
Qui a fait de toi un privilège liberté,

esCRIStos

Qui s'achète chère et par lots ;
Qui nous a fait croire en la sécurité,
Plutôt qu'en toi liberté ;
Qui peut encore rêver de toi liberté,
Si en travaillant l'ouvrier croit se libérer ;
Qui peut encore se lever liberté,
Si l'on croit que rester dans son lit
C'est une façon de résister ;
Qui peut me montrer le chemin liberté,
Si je n'aime pas les sentiers,
Si je préfère les traverses et les maquis ;
Qui peut dire que ces lignes parlent de toi liberté,
Si elles ne sont que des mots désabusés,
D'un pauvre diable privé de toi liberté.

esCRIStos

Aquí

Aquí los sueños serán realidad
Aquí nada será mentira
Aquí el universo no tiene límites
Aquí la piel es un abrigo de piel de hombre
Aquí los ojos no solo son para llorar
Aquí no caben las dudas
Aquí no se cree en verdades
Aquí no se cultivan razones
Aquí no se admiten temores
Aquí corren conejos sin tortugas
Aquí el cuervo olvida que es negro
Aquí la tierra no es cuadrada
Aquí el cielo florece
Aquí tus ojos ríen
Aquí tu cuero es mi cuero
Aquí se escribe o se muere
Aquí en hoja blanca
Aquí escribo yo.

Une célébrité

Il est partout,
Dans vos salades et vos tomates,
Dans l'eau que vous buvez,
Dans la poudre que vous sniffez,
De la forêt sud-américaine à la ferme de pépé ;
Il va dans les aires et finit dans les mers,
Dans les parcs et les jardins,
Dans les tampons pour vagins,
Dans les champs de coton,
Dans l'herbe des moutons ;
Il ne discrimine nulle population,
Tout le monde prend sa ration,
Dans le blé et même dans nos plaies,
Dans les champs de coca,
Dans la culture du soja ;
Il se pavane dans l'industrie,
Il crie « j'ai de l'histoire:
Souvenez-vous du Vietnam !
Monsanto est mon père,
Agent Orange mon frère » ;
Ne pensez pas l'interdire,

esCRIStos

Des poches il remplit,
Des politiciens il séduit ;
Des lois pour quoi faire,
Un couloir sombre fait son affaire,
Des oreilles peu remplies,
Lui rendent la pareille ;
De Barrancabermeja au Poitou,
Glyphosate il s'appelle,
Glyphosate partout,
Glyphosate pour tous,
Glyphosate...
¡Salud!

El muerto de la plaza

Ha muerto un hombre
De sábana blanca se viste
Sin llanto la plaza del prado observa
La señora de negro embarca su alma
Y la gente como si nada
Desprecio de siempre con el hombre de la calle
Calle en la que yace contento
Sabe que ha vencido el frío de las miradas
Prefiere las llamas a donde lo llevan
Al frío infierno de esta misma plaza

Au boulot

Ring ring le réveil sonne
La réalité dévore le rêve
Le matin consume la nuit
La contrainte ficelle la nudité
Le métro engloutit le corps
Le travail enchaîne l'Homme.

¡Oh Barrancabermeja!

Alabada de sol y petróleo
De río grande y ciénagas de bocachico
Alzada en egregia
Bendecida tierra de Yarima y Pipatón
Dicen que eres amor
Que en tus calles alegría
Resplandor y mucho son
Que un volcán le hace eco a tu voz
Que rompiste las cadenas de la opresión
Barrancabermeja
No sin amor
Que recojan la egregia
Que devuelvan lo de bella hija del sol
Ya no eres de petróleo sino de dolor
Y no es volcán sino cañón
El que se agiganta en tu voz.

esCRIStos

Lettre d'amour à la France

France, mon amour,

Certains disent que notre amour est impossible. Ils prétendent qu'un étranger ne saurait t'aimer ; que le sang de mes veines ne saurait te rendre hommage à ta juste valeur ; que la couleur de ma peau souillerait ta blanche beauté ; que ce n'est pas l'amour mais l'ambition qui me pousse à t'aimer ; que derrière les mots doux que je prononce à ton égard, se cachent en vérité de l'intolérance et des coutumes contraires aux tiennes ; que si tu m'ouvres ton cœur, je ne tarderai pas à te mettre un voile ; que notre union serait contraire au sacre de ton histoire et à ton lumineux destin ; que si tu veux continuer à proférer la liberté, l'égalité et la fraternité, il faudra se passer de moi ; et pire encore, certains d'avantage virulents, me montrent du doigt et disent que ton malheur actuel est de ma faute, que sans moi tu serais encore cette belle femme d'antan, souriante et arborant ton bonnet républicain...

France ma chérie. Je sais que tous ces mots ne rencontrent pas d'écho dans ton cœur. Je sais que ton sourire lumineux de printemps sera à nouveau là pour moi ; que la mélancolie de l'automne nous rapprochera et qu'ensemble nous ferons face à l'adversité de l'hiver et aux joies de l'été.

N'aies donc crainte à mon égard. Je saurai faire face aux maux sournois de la jalousie ; aux mots de ceux qui parlent en ton nom, prétextant ton bonheur ; aux regards de ceux qui ignorent que tu es république, que tu es révolutionnaire.
Je sais que dans ton cœur j'ai bien ma place. Et je te promets, France chérie, de me tenir prêt à faire face à ceux qui, brandissant tes couleurs, viendront au nom de la loi réclamer ce que l'honneur ne les autorise pas.

                    L'étranger toujours tien,

Deuda

En el mundo existen venenos
Fulminantes, espeluznantes...
Existen armas de colores
Y de explosiones
Existen bombas que destrozan
Hombres que callan
Mujeres silenciosas...
Existen rastros de sangre
Huesos perdidos
Lágrimas piadosas
Existen garras ocultas
Apetitos voraces
Paraísos fiscales
Existen naufragios
Barcos perdidos
Refugiados ahogados
Existen asesinos a sueldo
Hombres de mano
Dictadores electos
Existen bancos...
Existen las cuentas...
No existe la deuda.

Hiver

Silence dans cette longue nuit
Silence qui sort des abîmes
Silence blanc à l'allure éternelle
Silence on tourne,
        On tourne l'hiver.

Desorden

Las letras van y vienen en un vals de cursivas adineradas. Los números se creen más fuertes porque cuentan con la fuerza de lo infinito. Las cosas de la habitación se mezclan. Todo se convierte en un mar de colores indefinidos, vivos pero de aspecto triste. La ventana ¿cuál ventana? si anda por toda la casa renegando porque no hay café. Es todo menos una ventana, y como ella dice: llámame Aurora. Es Aurora con cuerpo de ventana.
Yo, entre todo lo absurdo, doy un salto y me encuentro en la cama, sudando y con la impaciencia del día. Estuve nuevamente soñando disparates. No hay caso, tengo que arreglar esta habitación.

Hirondelle

Vide est le ciel
Abandonné de ta présence
Dénudé de ton vol...

Reviens belle hirondelle
Danse à nouveau
Ondule et voltige
Ranime mon cœur
Secoue le chagrin
Saute au firmament
Et enlace l'infini...

N'oublie pas le chemin
De mon bout de ciel
De mon bout d'espoir
N'abandonne jamais mes yeux
Reviens nous apporter gaité et insouciance

Déshabille nos corps
Nos âmes
Ramène-nous à notre enfance
Et ramène-nous ta pluie

Où es-tu belle hirondelle
As-tu perdu ta route?
Ou est-ce l'acier qui a croisé ton destin...

Si la fin t'es venue sans prévenir,
Je te pleurerai
      Belle hirondelle.

Renuncia

Renuncio a mi alma
A mi alma de pecador
A mi alma de condenado
Renuncio a ser juzgado
Por ángeles y diablos
Por dioses y demonios
Renuncio a la piedad
Renuncio a la misericordia
Renuncio a la redención
Renuncio
    A toda vuestra salvación.

Routine

Le réveil sonne, les vestiges des derniers rêves se consument dans un oubli progressif qui laisse place à la réalité. La lumière du soleil martyrise des yeux qui réclament l'obscurité et des corps engourdis se disposent à se mettre en route. Le rituel de chaque matin a lieu : café, thé, tartines, douche, brosse à dents, clope... à chacun le sien. S'en suit une course frénétique de voitures, de vélos, de trains, d'avions et des montres consultées sans cesse. C'est un torrent humain qui avance sans conscience de lui même ; il suit une trajectoire bien définie, sans jamais changer ou quasiment ; il se déverse dans des lieux divers, bien différents les un des autres mais que tous appellent du même nom : « le boulot » !

Sur place, les arrachés de leurs rêves se livrent à des activités qu'ils appellent aussi « le boulot ». La journée s'achevant, telle une pendule, le torrent humain prend la direction contraire. Le rituel du soir précède le sommeil et son lot de rêves. Le matin arrive et à nouveau les rêves sont écourtés parce qu'il faut... parce qu'il le faut, se convainquent-ils.

Certains n'aiment pas le mot « boulot », alors ils disent « le travail », ils le trouvent beaucoup plus correcte. Ils interrompent leur rêves et se rendent « au travail » convaincus de la fatalité de leurs vies et font leur « travail », rien de plus. Mais progressivement, comme par instinct de survie, ils ne voient plus la fatalité mais l'opportunité : ils commencent à croire en la bonté et en la bien séance de passer leur vie à travailler, laissant de côté leur rêves. Tantôt les fatalistes comme les optimistes, font partie de ce torrent qui va et vient, matin et soir, tous les jours, toutes les années, toutes les vies.

Corto

Me gustan cortos
Los silencios
Los olvidos
Me gustan cortos
Tus cabellos
Los libros
      Mis versos

Deberden

Quand j'ai connu Ivana, elle me parla directement. Elle me fixa et me mitrailla avec des mots incompréhensibles, des mots d'ailleurs ; des mots d'un autre monde. Elle avait des yeux désespérés, essayant par tous les moyens de se faire comprendre. Plus tard, lorsque je la croisais dans les couloirs, elle se limitait à un seul mot : DEBERDEN. Alors je lui répondais la même chose : DEBERDEN Ivana. Je voyais son visage s'illuminer. Je devinais en elle le bonheur d'entendre sa langue, même si ce n'était qu'un seul mot, certainement mal prononcé.

Depuis quelques jours Ivana est partie. L'unique chose qui me reste d'elle est ce mot : DEBERDEN. Sans savoir que faire de ce souvenir, de ce mot, j'ai décidé d'appeler ainsi mon chat. Comme elle, il parle une langue d'ailleurs

esCRIStos

41

esCRIStos

Puedes encontrar más textos en mi blog
Trouve d'autres textes sur mon blog

https://leblogdewillyortiz.wordpress.com/

esCRIStos